CW01563798

L'ENTRE-DEUX MONDES

Arline Lacoursière

L'ENTRE-DEUX MONDES

Volume I

Entretiens
Spiritualité

Lacoursière Éditions
A-138, rue Saint-Vincent
Sainte-Agathe-des-Monts
Québec, Canada J8C 2B2
+1 819 321 2079

lacoursiereeditions@hotmail.com
www.lacoursiereeditions.com

Nos livres sont disponibles à la demande au sein de plus de 40.000 points de vente dans le monde. N'hésitez pas à commander nos ouvrages à votre librairie préférée !

© *Lacoursière Éditions & Arline Lacoursière*, 2020.
Dépôt légal à la BANQ effectué en 2020.
Correction effectuée par **Cécile Malterre**
(https://www.facebook.com/CecileEditions/)
ISBN livre papier/broché : 978-2-925098-02-7
ISBN livre numérique/électronique : 978-2-925098-03-4
Imprimé par Marquis Imprimeur au Canada et à la demande par Ingram à l'international (France & Europe).

Table des matières

Introduction — p. 9

Aux frontières de la mort (extrait) — p. 13

Biographie complète de l'auteure — p. 19

Première Partie — p. 29

Deuxième Partie — p. 111

Annexes — p. 171

Arbre séphirotique — p. 173

Compte-rendu opératoire (EMI) — p. 175

Introduction

Le Chemin de l'Initiation vous emmène, avec subtilité, vers la connaissance et l'expérimentation de la sagesse véritable et ineffable.

L'initiation vous guide dans votre Karma. Elle vous aide à réaliser l'être divin que vous êtes en réalité. Grâce à elle, votre être s'approche progressivement de la Divinité, qui est source éternelle d'expérimentations.

Sans la pratique du Chemin de l'Initiation, votre égo vous fait souffrir.

Le Chemin de l'Initiation vous invite à l'élévation spirituelle et à la vie véritable, qui est infinie, car il n'y a pas de terme, ni de limitation pour Dieu, à l'image du cosmos matériel. C'est le message du Livre de la

Genèse. La compréhension de la dualité, de l'illusion, de la non-dualité et de la réalité, permet à l'être humain de cheminer sur la Grande Route de l'initiation – qui est une roue, qui est le *Dharma* de tous les êtres –, augmentant de fait sa vertu.

L'Initiation donne joie et force intérieure à votre être dans sa globalité ! L'Initiation n'est pas une fatalité, n'est pas une fin. Bien au contraire ! Elle est une route de l'équilibre, une vie au sein de l'Intelligence Divine, qui est *advaita* et *sat-chid-ananda*, son enseignement étant basé sur le Principe d'Unité de Toute Chose, de Corrélation Divine et de grande et sainte félicité (*mâhasri-ananda*).

L'Initiation forme les êtres pour qu'ils soient toujours heureux en la *Matria Divina*, la Matière Cosmique, l'Universalité connue sous le nom de Dieu, qui est partout et qui est

Tout. Nous sommes avant tout des émanations de Dieu. Nous pouvons le joindre grâce à l'Initiation, le plus beau don qu'il nous fait.

Dieu sait que vous êtes présent à chaque fois que vous vivez le Chemin qui recèle l'Initiation. Soyez à l'écoute de l'Unité qui réside en Toute Chose. Les messages de la part de Dieu sont nombreux. Tout peut arriver, car Tout est. Dieu est présence.

Nous pouvons être heureux sur la Terre, car Dieu est là. Tout est beau. Tout est UN.

Arline Lacoursière

De l'expérience de mort imminente (EMI-NDE) : *Aux frontières de la mort*, par Arline Lacoursière

Une EMI n'est en rien un rêve. Un rêve ne présente jamais un tel degré d'intensité ! Demandez par exemple à un rêveur de vous raconter son rêve d'il y a vingt ans avec la même exactitude ! Les détails changeraient. Une EMI s'imprègne en votre être. Les détails ne changent jamais. Nous sommes nombreux à avoir été réanimés pour témoigner de l'au-delà. Cela apporte, à notre monde chamboulé, la perspective qu'il y a une vie après la mort.

1985-86

Suite à une vilaine chute en patin l'année précédente, provocant des hernies discales sévères et après une longue série de consultations médicales, j'optai enfin pour l'intervention chirurgicale en février 1986. Je souffrais alors de vives douleurs. Une intervention m'apporterait enfin du soulagement et la possibilité de marcher, car j'étais confinée à la chaise roulante. À 26 ans, nous nourrissons notre esprit de projets. J'avais tant à faire et à voir !

Lors de mon passage dans ce que les humains appellent l'au-delà, la grâce d'un être divin m'accompagna et m'expliqua le sens de cette initiation. Je ressens une profonde gratitude envers cet Être Lumineux rempli d'amour et de paix !

Les faits en bref

Le matin du 12 février 1986, les infirmières me préparent à quitter ma chambre vers la salle d'opération. Je suis calme, mon être tout entier se remplit de courage, car ma souffrance physique tire à sa fin.

Arrivée à la salle de chirurgie après l'anesthésie générale et l'intubation, je me dédouble aussitôt. L'intubation par erreur dans mon estomac me conduisait progressivement vers une expérience de mort imminente ! Le choc fut brutal. Avant même l'arrivée du neurochirurgien dans la salle d'opération, je voguais déjà hors de mon corps.

Sortie de mon corps, j'observais calmement le personnel entreprendre les manœuvres nécessaires à l'intervention. Je voyais tout se dérouler dans le bloc opératoire aussi clairement que si j'avais eu des yeux. J'entendais les membres de l'équipe médicale parler entre eux. La panique s'empara d'eux après que le neurochirurgien m'eut incisée... Mon sang artériel était déjà noirâtre.

Je me demandais bien pourquoi le personnel du bloc opératoire criait ! Ils venaient tous de constater que mon cœur s'était arrêté. Par la suite, j'ai entendu ces hurlements de détresse horribles des années durant. Une série de traitements en vue de me réanimer s'entreprit. C'est alors que je décidai de quitter le corps que j'observais pour passer dans une autre dimension.

Le passage

Durant mon passage dans l'au-delà, je ne ressentais plus d'émotion ni de sensation humaine, je n'avais plus de douleur. Je baignais dans l'Entendement et dans la Lumière. J'étais dans La Source où tout était en mouvement.

Une entité merveilleuse emplie d'amour m'accueillit et m'accompagna tout le long de mon voyage. J'ai vécu une importante initiation durant ce passage. L'entité et moi avons discuté longuement sur le sens de la vie. L'Entité de Lumière m'a offert le choix de rester ou de repartir sur Terre. Je décidai de revenir dans mon corps physique : « Il y a tant à faire », lui dis-je. Honorée, j'acceptai humblement la mission qui me fut confiée. Soit celle d'aider les gens à retrouver la santé et à s'éveiller, gardant pour moi mes entretiens personnels avec l'au-delà.

Quel souvenir ! Lorsque j'entre aujourd'hui lors de mes méditations en résonance avec les *énergies de ce moment privilégié, mon être s'illumine !*

Je vous laisse une de mes réflexions en guise de conclusion :

Nous pourrions être aussi heureux sur Terre que dans le monde astral, avec tout le potentiel créateur et divin qui est en nous... Avec ici, sur Terre, un corps physique en plus pour nous réaliser !

Arline Lacoursière

Biographie complète de l'auteure

Je me présente : Arline Lacoursière.

Je suis née à Montréal, au Québec, en 1959. J'ai grandi dans un quartier populaire. En 1961, nous sommes devenus une famille monoparentale. Imaginez les discussions négatives de la société puritaine et catholique d'alors, entourant la séparation de deux parents ! Les critiques et les commérages fourmillaient. L'Église Catholique était puissante et influente à cette époque, même dans la grande ville.

Très jeune, j'ai entendu plusieurs histoires insolites du monde parapsychique. En famille, nous parlions librement et sans jugement de tous ces phénomènes psychiques. Sereinement, nous baignions dans l'ésotérisme, même avant qu'on en parle publiquement et que des livres s'écrivent sur le sujet. Aujourd'hui, à la lumière de mes échanges avec des amis, je puis dire qu'à la maison, lorsque j'étais enfant, nos discussions portaient sur des sujets hors du commun.

Faites un retour en arrière ! Ces divers phénomènes n'avaient pas, à l'époque, toute la médiatisation actuelle. Aujourd'hui, les scientifiques, les parapsychologues et tous les autres en font leur corne d'abondance. Tous veulent être un jour les découvreurs de l'explication théorique de ces divers phénomènes pour ainsi être honorés et reconnus, mais Dieu merci, les secrets initiatiques restent bien gardés.

Début de ma canalisation

Enfant, durant mon sommeil profond, je parlais. Vous me direz plusieurs enfants parlent durant leur sommeil et vous avez raison. Ce qui était particulier dans mon cas, ce n'était pas « mon moi enfant » qui parlait, mais une autre personne, un être féminin, un être d'ailleurs, un être d'une autre dimension, un être de lumière, un être divin.

Très jeune, cet être de lumière prodiguait des conseils en se servant de mes cordes vocales, alors que j'étais endormie. Au début, ces informations révélées durant ma vie nocturne concernaient la famille de ma mère, sa séparation, sa vie personnelle. Ma mère écoutait ses recommandations et prenait en considération ses dires.

Aujourd'hui, je sais qu'à cette époque, un Être de lumière entrait en contact avec mes vibrations. Cet Être lumineux entrait en contact exclusivement avec moi durant mon sommeil.

Ce que je vous raconte, d'autres peuvent l'avoir fait avant moi. Vous avez certainement lu des histoires semblables à la mienne. Heureusement, je ne suis pas la seule référence vivante affirmant l'existence de l'au-delà ! Je désire simplement vous brosser un tableau général de mes débuts en médiumnité. Vous pouvez y croire ou non. Si vous n'y croyez pas, ne refermez pas ce livre : profitez de cette lecture pour vous ouvrir à cet univers merveilleux et fascinant.

Tout comme pour Edgar Cayce, durant mes premières années de vie, je ne savais pas qui m'habitait ainsi à certains moments. Étais-je troublée ou inquiète ? Non, je reconnaissais que ce don provenait d'un héritage familial. Je ne savais pas non plus que cette cohabitation engendrerait un livre et mon travail de médium. Aujourd'hui, je canalise volontairement. Lorsque j'étais enfant, c'était d'une façon spontanée et non voulue.

Durant toute mon enfance et ce, jusqu'à l'âge scolaire, je n'inhibais pas cette faculté psy. Une fois entrée dans le monde scolaire, les gens se mirent à dire que j'étais différente. Mes révélations faisaient peur. Je me suis tue jusqu'à l'âge de seize ans.

J'usai donc à nouveau de mon don. L'entité parlant à travers moi occasionnellement était toujours précise et juste dans ses propos. Elle révélait des secrets très personnels aux gens présents, lorsqu'en moi se faisait l'ouverture à l'union astrale via un tarot. Pourtant, à ma propre désillusion, je me retrouvai de nouveau confrontée et mise à l'index. Comme aux temps de l'inquisition, on me prenait pour une anathème. À deux reprises, des religieux ont voulu m'exorciser. Ils ne pouvaient admettre l'existence d'une saine médiumnité. Je passais pour une folle. Je crus alors ce don empoisonné. J'ai dû me taire une fois de plus. Péniblement, je devais encore garder secret qui j'étais vraiment. Nul n'est prophète en son pays, dit le proverbe...

Mon destin me rattrapa au milieu des années 80. Une très mauvaise chute en patin provoqua un changement radical dans ma vie. Une série de consultations médicales m'entraîna jusqu'à l'urgente nécessité de recourir à une intervention chirurgicale.

Lors de l'intervention chirurgicale, on me conduisit accidentellement vers une mort éminente (EMI-NDE). Au cours de ce passage dans l'au-delà, j'appris enfin le sens de ma vie. J'acquis la ferme conviction d'œuvrer pour le bien avec mon don médiumnique.

Lors de ce séjour, j'ai eu la grâce de vivre pleinement un moment dans le temps, avec l'entité qui me visitait depuis mon enfance. Celle-ci me mandata pour être sa représentante en channeling sur Terre. J'acceptai humblement de la servir.

Depuis ce jour, elle parle aux gens de leurs préoccupations humaines à travers mes états de transes. Elle se prénomme MÂ (du "sanskrit" qui signifie "mère").

C'est avec joie que je vous présente ma tendre amie : MÂ.

Elle est l'envoyée d'un Conseil d'entités nommé THE AIDS (LES AIDES en français, pour « Amour Inconditionnel des Sociétés »). MÂ est une muse de la philosophie et de l'art de vivre. Sa principale mission se veut l'enseignement de la spiritualité : *L'Entre-deux Mondes*.

Arline Lacoursière

Le livre *L'Entre-deux Mondes* s'adresse à votre cœur et à votre sensibilité humaine. Au nom de l'harmonie et de la paix, MÂ, membre du groupe d'entités THE AIDS, que je canalise, transmet un enseignement initiatique. Celui-ci conviendra parfaitement à votre quête spirituelle.

Votre lecture vous apportera une compréhension intuitive de l'Entendement. *L'Entre-deux Mondes* vous interpelle directement. À vous de découvrir cette merveille !

Cette série de textes est la transcription de conférences données en channelling devant des auditoires variés.

Arline Lacoursière

PREMIÈRE PARTIE

LES PRINCIPES DE L'INITIATION

Chapitre 1

De tous les âges du monde vous avez rêvé, vous qui êtes ici à cette conférence ou qui lirez ce livre – *L'Entre-deux Mondes* –, d'être initié à l'Éveil. Tous les humains désirent ardemment en leur for intérieur être initiés aux Grandes Lois Divines, au sens caché de l'Univers. L'humain désire connaître Ce-Qui-Est. L'humain aspire à la Connaissance, à la Gnose (du grec "*gnôsis*" qui signifie "savoir, connaissance"). L'humain et le Divin sont évolutions perpétuelles. L'être humain tend à s'élever selon sa croyance spirituelle... Que ce soit vers La Source de la Création ou vers la Trimurti Indienne, qui établit Brahman comme L'Absolu... Ou encore vers le Nirvana, tel que décrit par Sakyamuni-

Bouddha et le Paradis des Chrétiens et celui des Juifs, tous contribuent à l'objectif suprême : saisir le sens de la vie elle-même... La compréhension du Dharma – de la Loi Divine – et du Karma – des Actions passées et présentes.

Suivant sa foi, l'humain aspirera peut-être à se fondre en l'Être Divin – Dieu –. S'étant purifié de tous ses karmas au cours de sa vie présente, il Ou bien il fera harmonie avec le Nirvana ou encore, il souhaitera résider pour l'éternité auprès de l'Être Suprême, entouré de la multitude des anges. Tout cela est réel.

Tout au long de nos entretiens avec vous, nous vous initierons aux différents enseignements mystiques en soulevant progressivement les voiles de l'illusion. Nous vous poserons des questions. Ces dernières vous conduiront graduellement à faire un retour sur vous et sur vos croyances spirituelles. Nous vous demanderons également, si vous le souhaitez, de pratiquer certains exercices.

Nous vous interrogeons, dans un premier temps, sur le pourquoi de votre venue sur Terre. Quel est le vrai sens de votre Karma ? Quel est le vrai sens de votre venue sur Terre ? Pour commencer un cheminement initiatique, vous devez premièrement savoir pourquoi vous vous êtes incarnés... Quel est le but de votre vie ? Quelle orientation désirez-vous donner à votre vie ?

Vous pouvez accomplir votre Karma ou votre vie et bien remplir les conditions initiales, comme vous pouvez tout simplement passer à côté et revenir une autre fois avec la même mission ou le même Karma. Ce qui est à souhaiter, c'est que vous changerez de Karma, car vous aurez compris et accompli ce que vous êtes venus faire ici. Je vous invite à entrer à l'intérieur de vous, au sein de votre refuge spirituel, en vous posant sérieusement la question du sens de votre vie sur Terre. Il n'y a pas de hasard ! Vous vous êtes incarnés ici à cette époque pour apprendre. Les gens qui fuient certains sujets devraient en principe apprendre de ceux-ci. Remarquez ce que vous avez envie de fuir. C'est un bon indice du travail que vous avez à accomplir. Fuir, c'est ce que l'âme fait de vies en vies. La première règle d'initiation est d'arrêter cette fuite : d'arrêter de remettre. Il faut faire tout simplement.

Remarquez combien de fois vous changez d'idée, d'orientation, lorsque ce qui est devant vous vous dérange. Vous dites avoir des papillons et plus encore, qu'il est mieux de ne pas ressentir ces sensations. Il y a des lois corporelles. Ces dernières vous amènent à éprouver des sensations vous guidant vers le processus d'initiation. Par mes propos, j'espère vous amener à une pensée saine de la corporalité.

Votre évolution spirituelle ici sur Terre se fait avec votre corps, sinon vous seriez purs esprits. Vous êtes corporalité. N'essayez pas de défier les lois de la matière. N'essayez pas de dépasser vos limites corporelles pour soi-disant évoluer ! Ce n'est pas par la privation que vous arriverez à un meilleur éveil spirituel.

Je vous demande maintenant d'entrer à l'intérieur de vous. Essayez de faire le vide, de laisser passer vos pensées doucement et respectueusement. C'est un exercice qui est excellent pour se centrer et s'élever. L'exercice de faire le vide vous permet paradoxalement de faire le plein... Le but de cet exercice, c'est d'enrayer le doute. L'exercice de faire le vide intérieur vous mènera à de plus hauts niveaux de conscience. Lorsque vous méditez, vous ne prenez pas assez de temps pour vous vider l'esprit de tout ce que vous faites dans une journée, une semaine, une année, etc. Il vous vient en tête plein d'idées, plein de situations et vous dites ne jamais avoir de réponses adéquates à vos questionnements ! Soyez patients.

L'Initié est un être patient. Il sait attendre avec espoir. Il sait attendre la réponse avec Amour. L'Initié fait preuve de détachement envers la réponse qu'il reçoit.

Faites des exercices de patience. Beaucoup d'entre vous ont de la difficulté avec le silence. Beaucoup d'entre vous ont de la difficulté à rester en position de méditation et d'attente. Lorsqu'une réponse arrive, c'est parce que vous acceptez de vivre du détachement quant à votre questionnement.

Il n'y a pas de magie. Les Initiés qui ont reçu de grandes révélations ne disent pas combien de temps ils ont attendu avant de recevoir une réponse. Vous voulez avoir instantanément des recettes... Vous voulez avoir instantanément des réponses. Vous êtes impatients. Lorsque vous méditez, vous êtes impatients. Vous ne faites pas une rencontre avec votre divinité, dans vos moments d'impatience, mais une rencontre avec l'empressement. Cela ne se fait pas ainsi. C'est avant tout un travail d'amour, la méditation. C'est un temps de ressourcement et de patience.

Vous pouvez faire des exercices de silence, de vide intérieur et non de vide dans le sens de néant, mais dans le sens de silence régénératif ! Comment pouvez-vous avoir des réponses ou des révélations lorsque dans votre tête, ça parle fort ? Le silence et le vide vous guident vers le non-vieillissement de l'être. Les gens qui arrivent à faire le vide, le silence intérieur, vieillissent moins vite, car durant tout ce temps de silence, votre corps se régénère.

Votre corps est un bien précieux. Vous prenez plus soin des objets de votre maison que de votre corps. Vous prenez plus de temps pour vous préoccuper de vos voisins que de votre corps. Vous perdez un temps fou en commérages ! Tout ce temps, vous le déduisez sur votre vie. Une vie, un passage sur Terre, c'est vraiment court.

Les moments de silence sont les moments les plus riches de sens. C'est aussi la résidence de votre Moi Ultime. Vous appelez cela de l'intuition ou votre voix intérieure. Mais pour l'entendre, vous devez méditer et maîtriser votre mental. L'Initiation, ce n'est pas facile. Ce n'est pas simple... Mais c'est valorisant, enrichissant, rajeunissant et divin. Les efforts pour sa réalisation sont récompensés par Dieu.

Entrez à l'intérieur de vous et essayez d'entendre le silence... Vous commencerez par visualiser votre corps et l'entourer de la couleur rouge, la teinte de votre premier chakra. Laissez-vous baigner, envelopper, imprégner et régénérer par cette magnifique couleur, symbole de la vie elle-même. Laissez-vous transformer par cette couleur... Essayez d'aspirer mentalement et physiquement cette couleur essentielle à votre être ! Le rouge... Inspirez et expirez tout entière cette couleur ! Laissez vos poumons se dégager. Essayez de faire le vide pour calmer votre esprit.

Prenez contact avec le souffle de vie qui circule à l'intérieur de vous. Il s'agit vraiment de votre âme ! Interagissez avec elle. C'est par le biais de votre âme que vous accéderez à votre Esprit. Votre Esprit, c'est la Connaissance Divine de l'Entendement.

Je vous suggère de faire des exercices de respiration réguliers. 15 minutes au réveil, 15 minutes avant le sommeil. De la respiration simple à la respiration profonde... Vous alternerez pour respirer toujours de plus en plus profondément. La respiration aide à faire le vide. Grâce à cette dernière, vous pourrez entrer en contact avec votre Esprit. L'oxygène calme et tempère. Entrez à l'intérieur de vous toujours plus profondément en inspirant, en expirant et en alternant.

Vous devriez ressentir la force de votre respiration tout le long de votre colonne vertébrale. Votre inspiration doit partir de votre ventre et s'élever vers vos poumons.

Vous devez expirer à partir de vos poumons jusqu'à votre abdomen. N'oubliez pas de vous oxygéner le cerveau ! Ce dernier se trouve en réalité tout le long de votre colonne vertébrale. La respiration est un excellent remède contre les maux du corps et de l'esprit.

Emplissez votre corps d'oxygène. Expirez très lentement comme pour l'inspiration. Vous expirez à partir de vos poumons jusqu'à votre abdomen. Plus vous ferez l'exercice lentement, plus vous améliorerez votre condition physique et mentale.

Vous allez maintenant entrer encore plus profondément à l'intérieur de vous. Vous allez vous questionner à présent sur le sens de votre vie. Pourquoi êtes-vous sur

Terre en ce moment ? Pourquoi avez-vous choisi cette incarnation ? Concentrez-vous sur ces questions. Concentrez-vous sur le choix de votre incarnation et le sens de votre vie. Orientez l'énergie de votre colonne vertébrale – de votre cerveau – pour obtenir des réponses.

Conseil pour vos exercices de respiration : vous pouvez les faire par tranche de 5 minutes avec un arrêt de 5 minutes si vous avez assez de temps. La respiration mène l'Initié vers de plus hauts niveaux spirituels.

Vous pouvez faire vos exercices de respiration le matin après votre déjeuner. Nous ne voulons point que les gens commencent à s'infliger des souffrances. Nous ne croyons pas qu'une personne s'élève en s'infligeant des souffrances par souci d'être pure. Si vous décidez de faire vos exercices de respiration après le déjeuner, attendez d'avoir bien digéré. Essayez d'être confortable pour votre méditation, c'est ce qui est réellement important.

Écrivez sur le sens de votre vie dans un carnet ou simplement sur une ou quelques feuilles mobiles. Je vous souhaite de bonnes réflexions, de bonnes méditations et, qui sait, des révélations !

Quel est en vérité le sens de votre Karma ?

MÂ,
pour **THE AIDS**

Chapitre 2

Méditez présentement sur le thème de la patience. Apprenez à attendre. Vous devez incarner la patience elle-même. Vous demandez à l'au-delà de vous exaucer, sans fournir vous-mêmes les efforts nécessaires. Comment pouvez-vous cheminer vers l'Initiation si vous n'êtes pas prêts à donner pareillement à l'au-delà ?

L'Initié complété possède à l'intérieur de lui les grandes vertus spirituelles. Vous devez travailler sur vous et non sur les autres. La patience est une grande qualité. Elle réduit la peur, l'appréhension, donne du courage et de la force. Méditez sur la confiance et non sur la méfiance. L'Initié aime et sait ce qu'est l'amour. Ce n'est pas se tourner vers soi, l'amour, mais vers Dieu.

Méditez sur votre attitude quand vous êtes mis à l'épreuve. L'Initiation comporte des épreuves. Tout au long de votre vie, vous aurez des épreuves à franchir. Appliquez-vous à ne plus faire passer d'épreuves aux autres, c'est important ! Vous vous attardez à le faire : cessez cela ! Tout au long de son Initiation, le futur Initié évolue, améliore sa condition de vie, ses paroles et son comportement envers l'autre. Il est vraiment important d'aller vers l'autre.

Allez vraiment vers l'autre. Ne faites pas semblant ! Vous faites semblant toute votre vie et à la fin de celle-ci, vous dites simplement que vous n'étiez pas dans la bonne voie. N'attendez pas davantage pour comprendre cette loi.

L'amour et le partage vous embellissent. Pourquoi est-ce si difficile d'aimer ? C'est une question à laquelle vous devrez répondre pour votre évolution. Pour vivre, il faut savoir aimer. L'amour, c'est divin.

Lorsque vous méditez, réfléchissez sur les vertus divines. Ramenez votre esprit constamment aux vertus. Ne laissez pas votre conscience vagabonder comme bon lui semble ! La discipline est essentielle à l'Initiation. Avez-vous de la difficulté avec la discipline ? Si tel est le cas, vous aurez de la difficulté à méditer. Avez-vous de la difficulté avec la patience ? Vous aurez manifestement de la difficulté à recevoir les révélations que vous cherchez. Observez où vous êtes présentement, où vous êtes spirituellement. Regardez l'univers et vous saurez où est votre place !

L'Initié est sage. L'Initié connaît et sait. L'Initié est une personne responsable. L'Initié aime la vérité. En méditant sur le sens de la vérité, vous vous dirigerez vers l'Entendement... Vers Dieu. L'Initiation, c'est important et rafraîchissant.

Grâce à la discipline, les futurs initiés atteindront des niveaux de conscience élevés. Un être discipliné sait ce qu'il doit faire, quand le faire et combien de temps il doit le faire pour se réaliser spirituellement. Développez votre sens de la discipline, c'est primordial.

Vous ne pouvez atteindre de hauts niveaux de conscience ou de connaissance sans la discipline de la méditation, de l'introspection et de la respiration.

L'Initié se pose des questions. Il attend patiemment les réponses. Il agit à la fois passivement et activement. Il n'attend pas que la réponse survienne par hasard. Il réfléchit, il médite, il se pose des questions. La discipline est une force créatrice.

Quel niveau d'élévation désirez-vous atteindre ? Comment souhaitez-vous vivre votre cheminement initiatique ? Est-ce que vous désirez cheminer avec tempérance et respect pour les lois universelles ? Comment passerez-vous les épreuves de l'initiation ? Vous êtes responsables de vos choix et de votre comportement.

Lorsque vous vous apitoyez, vous ne passez donc pas l'épreuve. Cette dernière reviendra forcément. Faites attention ! Lorsque vous ne passez pas une épreuve, elle revient tôt ou tard. L'Initié se sert de son intelligence et de son discernement. Quelle sera votre attitude dans l'épreuve ?

Ce que vous n'acceptez point, c'est possiblement votre épreuve. Toutefois, vous ne devez pas accepter ce qui n'est pas acceptable. Il y a des nuances. Est-ce qu'une femme qui a subi un viol peut accepter cette situation ? Non ! Il n'y a aucune raison pour que cela se fasse, car c'est contre les Lois Divines, mais elle doit par contre accepter ce qui lui est arrivé. Elle doit continuer à vivre. Elle n'acceptera pas le viol, mais elle arrivera à accepter ses sentiments et ses émotions pour continuer à vivre. Il le faut.

Continuez vos exercices de respiration et méditez spécifiquement sur la couleur de votre deuxième chakra : l'orange. Entrez en résonnance avec ce chakra et sa couleur.

MÂ,
pour THE AIDS

Méditation suggérée par MÂ, membre du groupe d'entités THE AIDS :

Je vous demande de vous concentrer et d'entrer à l'intérieur de vous, fermant vos yeux.

Respirez profondément...

Respirez et prenez conscience de votre respiration.

Respirez profondément. Laissez votre respiration oxygéner tout votre corps...

Visualisez-vous mentalement et enveloppez-vous de la couleur orange.

C'est une couleur chaude, vivante et énergisante...

Laissez la couleur orange se révéler à vous.

MÂ

Chapitre 3

La Terre est l'une des plus belles planètes de l'Univers. Vous vivrez un jour, sur Terre, un état paradisiaque. Symboliquement, elle est au centre de l'Univers.

Je souhaite toucher votre cœur et votre sensibilité. C'est par l'action du cœur que l'Initiation se réalise. L'Initiation n'est pas intellectuelle. Elle n'est pas du domaine de la raison et de l'analyse, mais provient du cœur et de l'amour. Vous devez faire un pas vers l'autre. Faire un pas pour l'amour de l'autre et de vous-mêmes.

Prenez conscience de l'amour qui est à l'intérieur de vous lors de vos exercices de respiration et de méditation. Vos perceptions extrasensorielles s'élèveront naturellement tout au long du votre cheminement spirituel.

Vous êtes composés des quatre éléments : l'eau, la terre, l'air et le feu. Lorsque vous inspirez, vous faites passer la vie dans toutes les cellules de votre corps. Vous régénérez votre corps par l'oxygène. Lorsque vous respirez vous expirez ce que vous êtes, ce que vous pensez, ainsi que votre façon d'aimer. Prenez conscience du pouvoir de votre inspiration et de votre expiration.

Lorsque vous respirez, vous expirez des émotions et des sensations. Soyez conscients de ce que vous respirez, de ce que vous ressentez. Si vous êtes en colère, vous l'expirez. Lorsque vous expirez votre colère, il y a quelqu'un qui la ressent. Lorsque vous expirez la joie, elle communique aussi avec votre environnement et les gens qui vous entourent ! Lorsque vous expirez l'amour, l'amour règne autour de vous. Vous êtes responsables de votre inspiration et de votre expiration. Prenez conscience de l'intégralité de votre respiration, c'est primordial.

Vous devez faire le tri de ce que vous inspirez pour que, par la suite, vous expiriez ce qui est le plus sain en vous. Scientifiquement, ce sont des déchets que vous expirez.

La respiration oxygène et vidange votre corps. Si vous devenez de plus en plus conscients des déchets que vous expirez, ils cesseront d'être nocifs pour votre voisin.

Prenez conscience que la respiration est importante dans le processus d'Initiation. Elle est réellement votre première action vitale. À votre naissance, la première chose que vous avez accompli, c'est respirer. C'est votre premier réflexe ! C'est celui que vous connaissez le moins, bien que ce soit celui que vous utilisez le plus. Je vous demande maintenant de prendre conscience de tout le processus respiratoire qui s'opère en vous. Ressentez le processus. Lorsque vous inspirez et expirez, vous respirez en vérité l'Univers.

Les épreuves initiatiques sont nécessaires. Grâce à elles, vous prouvez votre honnêteté, votre intégrité et votre amour à L'Éternel.

L'Initié aime. Je ne dis pas d'aimer pour aimer ; d'aimer parce qu'il faut aimer ; d'aimer parce que c'est à la mode et que ça paraît bien.

Aimer, c'est ressentir à l'intérieur de soi l'Univers. Au cours de votre cheminement, vous serez confrontés à la réalité du bien et du mal. Restez centrés sur les Vertus Divines. C'est ainsi que vous passerez les épreuves avec succès.

Lorsque vous vivez des émotions négatives, votre respiration change. Centrez-vous alors sur les Forces Divines pour transformer positivement vos émotions. De ce fait, vous retrouverez rapidement votre calme intérieur.

De nombreux Initiés contrôlent leur santé par la respiration. La respiration vous amène vers la jeunesse et la santé. L'Initié sait respirer. Il fait attention tout au long de sa vie et trie au fur et à mesure ce qu'il inspire et ce qu'il expire naturellement.

De l'attention lors de votre méditation et de vos exercices respiratoires pour une partie précise de votre corps permet la régénération en profondeur. Que votre respiration nourrisse toutes les cellules et tous les organes de votre corps !

Avez-vous besoin de sommeil ? La méditation vous mène vers un état de bien-être et de semi-conscience. Elle se rapproche du sommeil, certes, mais elle ne remplace pas le véritable sommeil. Votre cerveau sait, lui, qu'il a besoin de sommeil !

Le sommeil, la méditation, ainsi que la respiration sont tous les trois importants.

Vous devez identifier et analyser le rythme de votre respiration. Vous le trouverez lorsque vous serez calme et en paix avec vous et avec l'Univers. Respirez doucement... La respiration vous apporte la lucidité ! C'est en comprenant ce principe que vous évoluerez. Vous connaîtrez des perceptions extrasensorielles grâce à votre discernement tout au long de votre quête spirituelle.

La patience est l'une des vertus essentielles lors de l'Initiation. Il n'est pas utile de s'impatienter ! Vous avez tout votre temps pour vous réaliser spirituellement. Si vous apprivoisez la patience, votre méditation et vos exercices de respiration seront plus agréables, faciles et vous régénèreront davantage.

Je vous demande à présent de vous concentrer et d'entrer dans votre havre intérieur.

Respirez…

Méditez sur le jaune, la couleur de votre troisième chakra. Interagissez avec le jaune ! C'est la couleur de la joie et de l'intelligence.

Respirez profondément. Laissez l'oxygène régénérer votre corps naturellement.

MÂ,
pour **THE AIDS**

Chapitre 4

L'Initiation est un voyage merveilleux. De jour en jour, vous évoluez, vous vous transformez suivant le rythme de votre âme. L'Initiation ne se termine pas après avoir reçu une Initiation, mais elle annonce le début d'une autre, comme le Cycle de la Vie. L'Initié tend donc continuellement vers d'autres niveaux de conscience.

Chaque étape est importante. La première est de bien vous enraciner dans votre corps, car comment pouvez-vous percevoir la subtilité énergétique et les vibrations de votre corps et celles de l'Univers, si vous n'êtes pas bien enracinés ?

Avant d'expérimenter et de vivre avec subtilité énergétique en voyage astral, par exemple, vous devez à la base « incarner » adéquatement votre corps. Si vous n'êtes pas bien dans votre corporalité, qui incarnera votre corps lors de votre sortie ?

C'est bien important d'être bien enracinés dans votre corps. Si vous n'y 'êtes pas bien, vous pouvez vous faire jouer de vilains tours. Si vous vous absentez de votre corps et que vous n'êtes pas bien concentrés sur l'expérience que vous faites, quelqu'un d'autre peut s'incarner à votre place. De là, résultent beaucoup de conflits psychologiques et émotionnels !

Q : Est-ce utile de prendre des drogues pour faire des voyages dans l'astral ?

R : L'utilisation de drogues et d'alcool pour arriver à sortir de son corps est dangereux, voire mortel, car vous ne vous maîtrisez plus. Vous penserez avoir réalisé, avoir vu, avoir perçu et entendu l'au-delà, mais tôt ou tard, vous entendrez et vous percevrez ce que vous appelez l'enfer. Les gens utilisent ces drogues pour s'élever spirituellement. Ce n'est pas un bon moyen, car ce n'est pas avec votre inconscience que vous ferez des découvertes : une béquille déficiente entraîne souvent la folie et la dépendance. Vous pouvez vous réaliser spirituellement sans drogue. Soyez prudents ! Nous sommes ici pour vous faire vivre sainement un Chemin vers l'Initiation. Nous devons donc vous parler de telles choses. Avant d'essayer de vous « décorporaliser », tentez de vous corporaliser, d'être centrés.

Q : Est-ce que nous pouvons faire des expériences hors corps spontanées ?

R : Quelquefois, vous quittez votre corps en dormant : vous retrouvez ainsi votre nature divine. Vous ne le quittez pas trop longtemps, car la notion de temps est importante lorsque vous quittez votre corps. Sinon, ce serait la mort ! Spontanément, vous faites des projections astrales. C'est inné. Possiblement pour aller acquérir des connaissances ou pour rencontrer certaines personnes.

Q : Quelle est la différence entre le rêve et la projection astrale ?

R : Le rêve n'est pas une projection astrale : c'est une libération de votre moi, de votre entité globale. Le rêve nettoie votre moi. Le rêve, c'est ce qui vous est révélé sur vous pour poursuivre votre cheminement. Vous recevez maintes fois des réponses à vos méditations dans vos rêves. Ces derniers nettoient votre inconscient. Il libère vos émotions.

Q : Quel est le but de l'Initiation ?

R : Le but de l'Initiation, c'est de vous amener à redevenir divin et à vous faire reprendre conscience de l'amour qui se trouve dans tous les êtres. Pour ce faire, il faut penser à l'autre avant soi, car pour penser à soi, il faut d'abord penser à l'autre. Non pas qu'il faille vous mettre en danger pour sauver l'autre avant vous-même ! Justement, il faut user de discernement et d'intelligence dans ces situations. Parfois, penser à soi, c'est penser à l'autre.

Q : Quels sont les critères de l'Initiation ?

R : Le critère le plus important est de vouloir aimer et de vivre dans l'Amour de Dieu. Le deuxième est de vouloir apprendre et comprendre l'Univers.

J'espère que ces réponses vous élèveront en amour et en vertu.

Maintenant, laissons place à la méditation...

Méditation

Allumez une bougie. Concentrez-vous en visualisant la flamme (il s'agit de votre vision intérieure). Respirez et laissez pénétrer cette lumière à l'intérieur de vous, jusqu'à votre âme. Dans la flamme, il y a les couleurs de l arc-en-ciel : les sept couleurs symbolisant les chakras. Visualisez la flamme : ajustez vos chakras pour recevoir l'énergie de la flamme.

Visualisez la flamme.

Percevez ce qu'il se passe autour de vous. Comment êtes-vous ? Comment vous sentez-vous ? Laissez l'énergie sacrée de la flamme vivre en vous. Laissez-la nourrir votre âme.

Le rouge, le jaune, l'orange, le vert, le bleu, le violet et l'indigo... Laissez ces couleurs fusionner en vous, afin que la flamme fasse partie de vous.

Inspirez et expirez sur la flamme, sans l'éteindre. Laissez votre souffle se diriger vers la flamme. Cette flamme purifiera vos émotions, vos pensées, vos sentiments de tristesse, de mélancolie, etc.

Si vous le pouvez, faites cet exercice quotidiennement.

La bougie et sa flamme vous aident à cheminer dans l'Initiation. Le Feu est l'un de ses éléments primordiaux, il est Initiation. Le Feu purifie, nettoie et réchauffe.

Inspirez et expirez sur la flamme, sans l'éteindre. C'est ainsi que vous deviendrez des Initiés d'or.

MÂ,
pour **THE AIDS**

Chapitre 5

L'initiation est un cheminement. Vous devez prendre conscience de votre comportement bon et mauvais pour arriver à l'Élévation Spirituelle et Initiatique. Vous ne pouvez vous élever spirituellement si vous ne travaillez pas sur vos défauts et sur vos réactions. Le fait de travailler sur votre côté sombre avec une attitude constructive vous conduira pas à pas vers l'Initiation.

Tout le parcours de l'Initiation est semé d'embûches, car l'Initiation, c'est la vie. L'existence elle-même est semée d'épreuves et généralement, vous vous rendez la vie dure. Vous vous faites du mal. Vous engendrez et provoquez souvent votre mal de vivre, n'étant pas et ne restant pas centrés sur l'Ordre. Il y a un Ordre dans l'univers pour que tout soit stable, bien à sa place, comme les galaxies. L'Ordre réfère à l'Ordre Divin.

À l'intérieur de vous, vous vivez des séismes quelquefois. C'est possible, car vous ne respectez pas l'Ordre dans lequel vous avez été créé. Le mal s'insuffle graduellement à l'intérieur de vous. Les doutes, l'ambiguïté, les remises en question non-nécessaires vous amènent à vous faire du mal. Lors de vos épreuves, vous brisez l'Ordre des choses en ne vous ramenant pas à Dieu, à l'unification de votre être. Alors, le doute s'installe. Ce dernier vous mène nulle part, sauf à rester en place et à revenir en arrière.

Vous savez quelles sensations et/ou quelles émotions vous éprouvez lorsque vous êtes mal dans votre peau. Vous savez très bien comment vous vous sentez dans votre âme et dans votre conscience.

Vous n'êtes pas bien, mais très souvent, vous dites que c'est la faute de l'autre. À qui la faute ? La faute est à la personne qui a mis le désordre.

Retenez ceci : si à l'intérieur de vous, il y a quelque chose qui crée le désordre, c'est cette chose qui en est responsable. Si le doute produit le désordre à l'intérieur de vous, le doute est responsable de vos ressentis et de vos sentiments présents. Vous ne pouvez emprunter le Chemin de l'Initiation en étant rempli de doutes !

Vous devez travailler sur vous et non sur les autres. Le Chemin de l'Initiation, c'est le Chemin de l'Ordre Divin. Cela n'a attrait à aucune religion, mais au sens même de l'incarnation et à la sauvegarde de l'espèce humaine. Tout ce qui entrave la conservation, la sauvegarde de l'espèce humaine engendre du désordre. Lorsque vous méditez, méditez pour vous centrer sur Dieu, pour concentrer vos forces dans la Lumière et pour élever vos énergies, vos chakras. Est-ce que vous méditez pour mettre de l'Ordre en vous, pour donner un sens à cet Ordre ? Lors de vos méditations, méditez dans le sens de l'Ordre.

Il n'y a pas de réelle Initiation sans Ordre. L'Ordre comprend la discipline et le sens des responsabilités. L'Initié ne peut pas se permettre de ne pas s'impliquer socialement et familialement. Il a la responsabilité de communiquer aux autres ce qu'il sait dans les temps opportuns pour que le calme et l'harmonie autour de lui apaisent son entourage ou les gens qu'il connaît. L'Initiation, c'est la lutte contre le mal. Tel est le Karma de l'Initié.

Q : Est-ce que le mal existe ?

R : Le mal existe comme le Bien. Écoutez : tant que vous ne l'aurez pas identifié et que vous ne croirez pas en son existence, il est heureux et il a beau jeu.

Q : Qu'est-ce que l'on peut faire face au mal ?

R : Les grands Initiés et les grands Maîtres qui ont parcouru le monde depuis des siècles ont toujours confronté le mal face à face. La confrontation au mal se fait aujourd'hui dans la subtilité du langage et dans la subtilité de l'action. La lutte est subtile, car les gens ne croient plus au mal. Elle se situe plus précisément dans sa dénonciation. Le mal doit être confronté à votre parole juste. Malgré tout, vous devez vous poser des questions avant de le confronter. Premièrement, qu'est-ce que vous avez réellement identifié ? Est-ce que vous avez raison de le confronter ? Parce que le mal aime aussi la confrontation : il aime la zizanie. Ne l'oubliez pas, soyez prudent. Si vous confrontez, vous devez être persuadé d'être juste et que votre confrontation est pour le bien de l'ensemble et non pour une seule personne.

Q : Quelle est la différence entre communiquer et confronter ?

R : Communiquer, c'est parler et échanger harmonieusement sur des sujets variés. C'est aussi entreprendre un dialogue dans un climat d'entente. Confronter, c'est remettre les choses à leur place. C'est dire ce qu'il ne va pas et où en sont les choses.

Méditation
Pourquoi y a-t-il le jour et la nuit ?

Je vous demande de pénétrer à l'intérieur de vous et de méditer sur le jour et la nuit, car l'Initié vit de jour comme de nuit. Entrez à l'intérieur de vous. Respirez le plus profondément possible. Fermez vos yeux. Cela est préférable pour la concentration. Respirez profondément. Laissez l'oxygène nourrir toutes les cellules de votre corps et les régénérer. Laissez le doute vous quitter.

Concentrez-vous maintenant sur le sens du jour et de la nuit. Pourquoi y a-t-il le jour ? Pourquoi y a-t-il la nuit ? Inspirez et expirez profondément. Laissez-vous détendre par cet exercice de respiration.

Recevez les réponses avec humilité et sagesse. Les réponses faciles vous parviendront dans les premières heures et les premières années de vos méditations sur tel ou tel thème et, tout à coup, vous recevrez les Révélations Divines, qui ne sont pas toutes celles que vous recevrez dans vos méditations. Prenez-en conscience... Au travers des informations que vous recevez, vous recevrez des réponses Divines. C'est pour cela qu'il ne faut pas méditer une seule fois sur un même thème. L'Initié sait cela. Plus il réfléchit sur un même thème, plus il l'approfondit et plus il s'élève dans les couches subtiles de son être.

MÂ,
pour THE AIDS

Chapitre 6

L'Initiation, c'est un cheminement vers la Lumière de Dieu, vers la Connaissance Divine (la Gnose). J'apprécie d'être votre conseillère et j'apprécie de vous guider dans cette aventure merveilleuse. Quels efforts allez-vous mettre pour l'apprentissage de la Connaissance ? Quel travail sur vous-mêmes êtes-vous prêts à réaliser ?

L'Initiation se vit de jour comme de nuit : de jour en jour, d'année en année. La persévérance et la constance sont et seront importantes pour votre cheminement. Le Chemin de l'Initiation, c'est une voie vers la Vérité et vers l'Absolu, vers la Lumière et vers l'Entendement... Vers Dieu.

Est-ce que vous prenez votre cheminement au sérieux ? Est-ce que vous faites les exercices appropriés ? Est-ce que vous harmonisez votre être grâce à la pratique de la respiration et de la méditation ? Est-ce que vous utilisez le feu de la bougie pour vous purifier et pour évacuer vos émotions négatives en inspirant et en soufflant dessus ? Est-ce que vous utilisez le Feu Sacré comme élément d'Initiation ? Est-ce que vous regardez ce que vous avez à améliorer pour vous élever toujours davantage ? Est-ce que l'Amour Divin comble votre cœur de grâce, de force et de paix ?

Le Feu purifie, car il est source de vie. La communion avec l'Éternel se fait par l'amour que vous témoignez et que vous Lui témoignez. Est-ce que vous vous élevez dans la Vérité ? Prenez-vous conscience de vos gestes et paroles ? Est-ce que vous irradiez de paix et de sérénité ?

Comme vous le savez, vous aurez à faire le point tout au long de votre existence. Faites votre bilan personnel régulièrement. Quelle vertu désirez-vous travailler ? Concentrez-vous sur une vertu et devenez cette vertu par le fait-même ! Concentrez votre pensée sur un thème à la fois au lieu de vous éparpiller.

Q : Pourquoi est-ce si difficile d'être vertueux ?

R : Vous nous dites que c'est laborieux de vous concentrer sur les Vertus ! N'en est-il pas plus de travail et de peine que de vous concentrer sur vos défauts ? De nombreux efforts sont déployés lorsque vous vous concentrez sur vos défauts. Vous dites que c'est ardu de pratiquer les Vertus Divines et vous ne vous avouez pas, ni aux autres d'ailleurs, comme il est pénible d'être jaloux par exemple ! Cela vous demande beaucoup d'énergie d'être jaloux et envieux. Les mauvaises actions sont la cause de plusieurs de vos souffrances. Vous dites que c'est exigeant d'être heureux, mais vous ne parlez jamais des énergies que vous dépensez pour votre malheur. Vous ne dites pas que ça demande des efforts pour être malheureux. Que désirez-vous faire ? Être déterminé à être heureux ? Ou être malheureux ?

La Compréhension Divine nécessite de transformer vos comportements humains. Le Chemin de l'Initiation vous conduit à développer une saine communion avec vous, les autres et l'Absolu, vos conversations devenant agréables.

Méditation

Allumez une bougie, fermez les yeux et respirez l'énergie vitale de la flamme. Demandez à l'élément Feu de vous régénérer. Devenez le Feu Sacré ! Visualisez-vous intérieurement. En votre for intérieur, fusionnez mentalement avec la flamme : recevez son énergie sacrée. Méditez sur la flamme et sur ses différentes couleurs. La flamme engendre en vous le calme et la paix.

MÂ,
pour **THE AIDS**

Chapitre 7

Vous ne pouvez être un Initié si vous ne remettez pas en question vos archétypes, vos croyances et vos convictions. Il n'y a pas d'Initiation réelle sans communion à Dieu. Écoutez la voie de votre intuition.

Il n'y a pas de Chemin de l'Initiation sans la maîtrise du discernement entre ce qui est bien et ce qui est mal. Accepter l'existence du mal vous effraie... Demandez-vous pourquoi ?

Voici ma supplication : je vous prie, de grâce, de faire la paix avec ce que vous êtes, ce que vous étiez et ce que vous serez. Je prie pour que vous reflétiez l'Amour de Dieu et que vous le constatiez. Pour cela, vous devez vivre le présent, le passé et le futur simultanément. Vous êtes en cheminement vers votre perfection. Cheminez donc vers l'acceptation !

Pour arriver à faire la paix avec tous, vous devez vous connaître et vous reconnaître. Il est essentiel d'identifier vos qualités. Une personne propre, compétente, cordiale, sympathique, honnête, mérite de la reconnaissance.

Vous parlez plus de vos défauts que de vos qualités. Est-ce vrai ? C'est également un défaut de ne pas reconnaître ses qualités. Dans la subtilité de votre conscience, il est vaniteux de ne pas reconnaître vos qualités.

Les gens qui ont de la difficulté à reconnaître leurs qualités sont aussi vaniteux que ceux qui les étalent trop. En vérité, ces personnes démontrent leur fausse modestie.

Q : Quelle est la différence entre identifier et s'identifier ?

R : Identifier et s'identifier sont deux actions distinctes. Identifier, c'est reconnaître, voir, apercevoir. S'identifier, c'est être, s'associer, devenir. Il est nécessaire d'identifier vos mauvaises réactions. Il est donc tout aussi fondamental de vous identifier vous-mêmes aux comportements vertueux.

Q : Que créons-nous ?

R : Vous créez des situations, des évènements, des émotions. Vous créez même des individus par votre procréation. Vous créez des liens et vous en détruisez. Même lorsque vous défaites un lien, vous en créez un autre. Est-ce que vous avez déjà effectué cette prise conscience ? Vous créez avec votre pensée, votre parole et vos gestes. Vous créez sans cesse.

Conseils pour vos méditations

Lorsque vous méditez, questionnez-vous sur un thème. Soyez constants dans vos exercices. Dans votre irrégularité, la délinquance spirituelle s'exprime. Prenez conscience de votre rythme de vie et de son exigence. Ne relâchez pas !

Méditation

Allumez une bougie. Demandez, lors de votre méditation, des éclaircissements sur la Beauté de Dieu. Posez vos questions à L'Éternel, afin d'améliorer votre condition de vie présente. Ouvrez grand votre conscience pour recevoir les réponses de Dieu. Ouvrez votre cœur. Laissez l'Amour Divin pénétrer votre cœur : recevez-le. Inspirez et expirez sur la flamme. Mentalement, visualisez-vous. Psychiquement, aspirez l'énergie du Feu Sacré. Apaisez-vous grâce à l'énergie du Feu Sacré que vous aspirez mentalement. Laissez-vous éclairer par Dieu !

MÂ,
pour **THE AIDS**

Chapitre 8

L'Initié arrive à identifier et à comprendre les épreuves qui lui arrivent. Il identifie rapidement les situations menant au malheur. L'Initié agit avec bravoure et courage pour ne pas se laisser atteindre par le malheur et tout ce qui s'y rattache. Le courage l'éloigne des situations embarrassantes. C'est ainsi qu'il faut agir : il faut absolument tenter de réagir positivement.

N'oubliez pas que vous cheminez pour rejoindre la Conscience Universelle, votre véritable origine. Votre conscience s'éveille et s'élargit progressivement. Vos énergies subtiles s'élèvent. Les phénomènes inexplicables s'expliquent pour l'Initié.

Cessez de garder le silence pour ne pas passer pour des hallucinés. Cela peut servir en son temps et à sa place.

Les épreuves se vivent dans la dimension émotionnelle de votre être global. Votre corps réagit suivant l'émotion. De là l'urgence de vivre sainement en travaillant vos vertus. L'épreuve ne sert pas seulement à l'Initié ou aux futurs initiés, mais à toute la collectivité. Les épreuves sont des expériences nécessaires. Elles apportent de considérables changements humanitaires. L'Amour et l'Harmonie, réalistement, se vivront un jour sur Terre.

Si vous savez analyser ce que vous êtes en train de vivre, vous saurez quelle sera votre prochaine épreuve. Vous connaîtrez par conséquent l'alignement de votre Karma.

Lorsque vous vivez des épreuves angoissantes, vos émotions envahissent votre esprit et donc votre corps. Grâce à un jugement éclairé lorsque vous triompherez de l'épreuve, vous connaîtrez la libération et non la désolation.

N'oubliez pas que les expériences mènent à une plus grande compréhension divine et du Karma. La vie vous forme. La vie vous remercie. La vie vous gratifie. La vie est belle !

Considérez ceci : vous créez tout aussi bien du bon karma que du mauvais. Qu'est-ce que vous désirez créer ? Là est la question.

La réunion de l'âme, de l'esprit et du corps se fait avec sensibilité. L'Amour Divin est un sentiment global comprenant, en quelque sorte, plusieurs trajectoires.

Les grandes lignes de votre vie sont toutes tracées. Vous connaissez déjà vos épreuves, puisque vous les révélez par vos paroles ! Soyez à l'écoute de vos prémonitions si vous en avez ! Votre comportement lors d'une épreuve met en évidence votre Niveau d'Initiation. Réussir une épreuve indique que vous avez travaillé sur vous-mêmes et sur les Vertus Divines.

Méditation

Allumez une bougie. Maintenant, reliez-vous aux énergies de l'Ange du Feu. En vérité, il existe un Ange par élément. Concentrez-vous sur la flamme. L'Ange du Feu est une entité de justice. Inspirez et expirez sur la flamme. Prenez conscience de l'éternité de la vie : les galaxies et les planètes en mouvement dévoilent cette réalité. Regardez la flamme osciller doucement. Plus vous y croirez, plus elle oscillera rapidement et produira de l'énergie divine ! Comptez une minute (un instant) de silence pour vous et pour toute l'Humanité.

MÂ,
pour **THE AIDS**

Chapitre 9

Lors de vos méditations, le monde de l'invisible vous oriente sagement dans votre Karma. Vos guides vous conduisent prudemment vers l'Arche de la Connaissance. Vous développerez ainsi progressivement les Vertus Divines ! L'espoir se révèlera primordial tout au long de votre Quête Spirituelle.

Q : Peut-on avoir une vie de bon Karma ?

R : Une vie de bon Karma, qu'est-ce que c'est ? C'est une vie d'Action Juste. Une vie de bon Karma est une vie de réalisations et de services. Les Initiés réalisés vivent au niveau du cœur. Pour atteindre les plus hautes sphères des vertus, réconciliez votre raison et votre intuition. Ainsi, vous aurez une vie de bon karma. Vous ferez une vie d'Action Juste.

Méditation

Méditez sur l'énergie Christique. Le Christ est La Lumière du Monde. Le Christ est le sauveur en chacun de nous. Il n'a pas de nom, ni de visage particulier. IL EST. Le Christ éveille votre conscience à l'Amour Divin. Suivez le Message de l'Amour Divin. Jésus n'est pas le seul Christ à avoir vécu. Il en existe plusieurs. Ils se nomment Krishnâ, Bouddhâ, Râmâ... Lorsque vous faites des actes d'Amour Divin, vous êtes les témoins de l'Énergie Christique. Vivez dans l'allégresse, dans la joie et dans l'Amour de Dieu ! Méditez sur l'Amour qu'il prodigue à chacun de nous.

MÂ,
pour **THE AIDS**

Chapitre 10

Que la sagesse soit votre conseillère lors de vos réflexions et de vos méditations !

Q Qu'est-ce que l'Initiation ?

R : En vérité, c'est votre éveil à la spiritualité. C'est votre éveil à Dieu. Elle est la prescience du Bien et du mal. Par son action intangible, l'Initiation amorce votre véritable relation avec Dieu.

Q : Qu'est ce qui nous fait peur dans l'éveil spirituel ?

R : Vous craignez de perdre votre personnalité, votre identité, vos vieilles habitudes, en quelque sorte. Cette appréhension provient de votre égo. En réalité, l'Initiation révèle votre vraie personnalité, votre vraie identité. Elle engendre votre libération ! Que faites-vous de votre liberté, de votre libre-arbitre ? L'Initiation permet de vous réaliser spirituellement.

Méditation

Méditez sur les quatre éléments : eau, feu, air et terre. Lors de vos méditations, vous communiez avec les Anges de chaque élément. Recueillez-vous avec ces Anges ! Retrouvez l'Ange en vous et acceptez l'aide de l'Éternel pour y arriver.

MÂ,
pour **THE AIDS**

Les bienfaits de la méditation

La méditation apporte des bienfaits à la seule condition de s'y consacrer !

Elle libère l'esprit.

Elle nous rend calmes, sereins et conscients de nos forces et de nos ressources intérieures.

Elle réveille nos sens et nos perceptions.

Elle nous aide à témoigner de la compassion pour les autres (et donc pour nous-mêmes).

Elle nous aide à acquérir une meilleure vision de la réalité.

Elle nous aide à devenir des êtres posés et réfléchis.

Elle met fin à nos illusions ! Elle nous mène à l'éveil.

Elle améliore notre condition physique et accélère notre guérison.

La méditation nous guide vers la paix intérieure et vers Dieu.

THE AIDS

DEUXIÈME PARTIE

LES PRINCIPES DU KARMA

Chapitre 1

Le Karma est un discours intemporel. Vous spéculez sur vos vies antérieures. Vous croyez que les précédentes étaient meilleures !

La vie que vous vivez en ce moment est la plus importante, car elle est le résultat des précédentes. Vous passez en ce moment une période des plus troublantes. Votre peur de vieillir, par exemple, fait partie de vos vies antérieures, car vous avez déjà vieilli. Ainsi, la peur peut être antérieure.

Le rire est la meilleure médication, il n'y en a pas de plus efficace, donc lorsque vous avez des révélations sur vous-mêmes lors de vos méditations, riez et vous guérirez.

Vous devez apprendre à avoir du plaisir, car nous ressentons beaucoup de tristesse sur Terre. Nous ne savons point pourquoi vous vous laissez influencer par le monde extérieur. Les gens s'empoisonnent l'existence de vie en vies Laissez les gens avoir du plaisir et vous devez vous-mêmes prendre plaisir à la vie. C'est bien la seule manière d'éviter le vieillissement ! Sachez que vous vous régénérez par le rire.

Vos vies antérieures sont la clé de votre vie présente. Il est essentiel de connaître un ensemble de vos vies antérieures pour vous comprendre. Tous les sentiments et émotions humaines sont reliés à vos expériences de vies antérieures.

Dans cette vie, vous réglez et vous créez des Karmas. Cette vie deviendra antérieure lors de votre prochaine incarnation. Réglez donc tout ce qui vous tracasse et tout ce qui vous fait peur. En ce moment, vous vous faites du Karma. Le Karma est l'ensemble des actions faites antérieurement, bonnes comme mauvaises.

Vous accumulez du bon karma en ayant les bonnes réactions lors des épreuves et des situations vécues. Vous accumulez aussi du mauvais Karma lorsque vous faites le mal. Vous aurez donc des dettes, du Karma à régler dans cette vie ou dans l'autre, si vous ne réglez pas tout de suite vos mauvais Karmas. Ne remettez pas à plus tard vos règlements karmiques ! Vous revenez de vie en vie pour arriver à liquider vos péchés et améliorer vos vertus. Vous ne pouvez juger le Karma de l'autre. Il y a des gens qui s'incarnent pour aider et c'est là le but de leur existence. Vous choisissez au départ de suivre une série d'évènements pour votre évolution personnelle, soyez-en certains.

Lorsque vous apprenez ce que vous avez été antérieurement, vous pouvez être testés de multiples façons, par exemple par l'envie ou tout simplement par l'envie de vous-mêmes, par l'envie de ce que vous avez été. Soyez vigilants et prudents lorsque passerez ces épreuves.

Comment pouvez-vous améliorer votre Karma ? En désirant vouloir changer, en étant sobre et humble et en ayant le souci de vouloir aider Dieu. Vous êtes tous incarnés à la bonne place, même si cela peut vous paraître surprenant. Vous passez tous par les mêmes chemins, c'est une règle d'or ! Vous devez savoir ce que c'est que d'être riche ou pauvre. Vous devez goûter à toutes les conditions humaines. C'est Karmique et expérimental. Ce que vous vivez en ce moment vous fait comprendre toutes les dimensions de votre être.

Laissez la vie circuler en vous et faites-lui confiance ! Cessez d'engendrer inutilement, ça ne marchera pas. Laissez-vous bercer par le temps, car c'est ainsi que vous arriverez à vous réaliser spirituellement.

Vous désirez tout instantanément et un peu aveuglément. C'est ce qui fait que vous n'achevez pas vos tâches ! Vous ne revenez pas seulement pour achever, mais pour continuer à créer et pour continuer à vivre. Ce qui vous pose le plus de difficultés durant votre vie, c'est ce que vous avez le plus à travailler ! C'est votre épreuve et elle arrive toujours à un moment surprenant.

Nous vous laissons quelques conseils spirituels. Pratiquez la respiration et la méditation en vous entourant de lumière pour vous élever spirituellement. Expirez le mauvais karma et inspirez le bon karma, la paix et l'amour ! Travaillez votre capacité d'adaptation, de résilience. Par la musique, vous rejoignez Dieu. Lorsque vous chantez les louanges de Dieu et que vous êtes remplis de son énergie, de sa vie, de sa grandeur et de sa beauté, vous faites vibrer sa création éternelle. Que Dieu vous accompagne et que Sa grâce soit avec vous ! Prenez soin de vous, car vous êtes les messagers de Dieu et la preuve qu'Il existe !

THE AIDS

Chapitre 2

Le voyage dans vos vies antérieures est le voyage au sein de vous-mêmes, c'est la quête pour vous comprendre. En vous, vous possédez la somme de ce que vous avez déjà été. À l'intérieur de vous, vous avez la trace indélébile de ce que vous avez vécu durant vos incarnations précédentes. Vous pouvez recevoir ces révélations par séminaires avec nous si cela est utile.

Vous connaissez sûrement le phénomène des Guides et des Anges. Vous avez tous des Guides : ils viennent de différents niveaux pour vous aider. Les Guides que vous avez sont à votre niveau de conscience. Vous pouvez avoir un ou plusieurs Guides, selon les évènements de votre vie. Vous pouvez avoir plusieurs Guides en période favorable ou défavorable. Les Guides qui vous accompagnent sont à votre niveau d'évolution. Plus vous évoluez, plus vos Guides changent. Vous changez, ils sont remplacés. Cela est nécessaire, évolution oblige.

Dans la conscience populaire, les gens croient qu'ils ont un Guide jusqu'à la fin de leurs jours. Vous n'avez pas les mêmes Guides que lorsque vous étiez enfant ! Lorsque vous étiez enfant, vous aviez un Guide enfant, pas un Guide adulte. Comment pouvez-vous penser qu'un Guide adulte puisse accompagner un enfant dans toutes ses pirouettes, ses courses folles, dans ses jeux ? Est-ce que les adultes le font continuellement avec les enfants ? La vie dans l'au-delà suit celle d'ici-bas. Quand vous étiez enfant, vous aviez un Guide enfant pour pouvoir vous suivre et être à votre niveau.

Les Guides ne vieillissent pas avec vous : ils ont aussi leur cheminement respectif. Vous pouvez avoir le même Guide aujourd'hui jusqu'à votre mort ou avoir d'autres Guides. L'Ordre est respecté dans l'au-delà comme sur Terre.

Votre Guide vous suit pour vous amener à progresser. Lorsque vous y arrivez, il donne sa place à un autre Guide et il va aider quelqu'un d'autre à progresser dans une situation semblable, à la place où vous étiez auparavant.

La méditation est une forme de prière. Il y a plusieurs formes de méditation. Il y a la passive et l'active. Nous ne valorisons pas l'une au détriment de l'autre : les deux sont complémentaires. Il est bon de s'asseoir sur le canapé pour accomplir votre introspection. Il est aussi bon de passer à l'action pour réaliser les fruits de vos révélations. Si vous ne faites pas l'action pratique en lien avec vos révélations, vous n'aurez plus de révélation. C'est une des Grandes Lois Universelles. La méditation passive est nécessaire pour arriver à transposer les révélations dans la matière. Passer à l'action, c'est également méditer.

Lorsque vous méditez, vous nettoyez votre intérieur. Vous transposez matériellement ce que vous faites spirituellement. Purifiez-vous physiquement et purifiez-vous spirituellement.

L'unification corps-âme-esprit est la vraie évolution : c'est le vrai cheminement spirituel. N'allez pas trop vite dans une sphère au détriment de l'autre ! Parallèlement, cultivez toujours les Vertus Divines menant à la réalisation spirituelle de votre âme, de votre esprit et de votre corps. Nous enseignons sur les trois plans : le triangle du corps, de l'âme et de l'esprit qui s'insère dans la forme parfaite du cercle, celle qui n'a ni commencement, ni fin. Elle est le symbole de l'éternité. La vie, c'est l'éternité : le passé, le présent et le futur. Il n'y a ni commencement, ni fin véritable. Ces mots n'ont aucun sens pour Dieu, car Dieu n'est pas dualité. Lorsque vous dites mourir sur le plan terrestre, vous continuez à vivre sur d'autres plans. Ainsi va le Karma : vous devenez le Guide de quelqu'un d'autre ou un travailleur de l'astral. Tout est récupéré et tout est nécessaire pour Dieu.

Vos vies en tant que Guides sont réelles. Vous pouvez en avoir la révélation en pensant que vous avez été un personnage X, alors que vous étiez son Guide et non le personnage lui-même. En tant que Guide, vous vivez parallèlement la vie de l'autre, celle du Guidé. Cela explique par exemple pourquoi plusieurs se prennent pour Marie-Antoinette sur Terre. Ils peuvent avoir été présents en tant que Guides de Marie-Antoinette ou bien faisaient-ils tout simplement partie de sa cour ? Cela peut être confondant, car vous vivez intensément les mêmes expériences, les mêmes situations en tant que Guide, comme en tant qu'Incarné. Soyez donc vigilants dans l'interprétation de vos vies antérieures ! Est-ce vraiment important d'avoir été un personnage illustre ? N'est-il pas plus important de s'être réalisé spirituellement, même en tant qu'illustres inconnus ?

THE AIDS

Chapitre 3

Pourquoi les gens entreprennent-ils un cheminement spirituel ? Qu'est-ce que le Chemin de l'Initiation apporte dans la vie d'un individu ? Pourquoi cheminer spirituellement ? Nous vous répondrons toujours : il s'agit du seul véritable bien qui mérite de s'y attarder, car rien ne ternit, rien ne se dégénère au niveau spirituel ! La spiritualité, c'est ce à quoi il faut s'atteler sérieusement. Dans le monde d'aujourd'hui et dans les temps anciens, le matérialisme a pris trop de place. Vous vous émerveillez devant la beauté matérielle des pyramides, des monuments historiques, devant des peintures et des sculptures. Tristement, il manque le musée de la spiritualité.

Q : Pourquoi la spiritualité n'a-t-elle pas sa place de choix ?

R : La raison de cela est due à votre propre matérialité, soit votre corps et votre façon de voir les choses. Si vous étiez aveugle, l'objet prendrait un tout autre sens, mais comme vous êtes en grand nombre des voyants, l'objet prend toute la place dans votre vision.

Le monde spirituel, c'est un monde intuitif, intérieur, qui demande une vision presque surnaturelle, car vous devez faire des efforts pour transcender votre matérialité en spiritualité. Si vous adoptez cette manière de faire, vous noterez que les objets et même votre propre corps prendront une toute autre forme. Votre corps est la représentation matérielle de votre spiritualité.

Ne jugez point ! Vous n'avez pas des corps parfaits. Cela ne veut pas dire que vous êtes des êtres non spirituels. Votre corps est là pour vous rappeler la dimension spirituelle. Lorsque celui-ci est souffrant, vous prenez plus conscience que la spiritualité a toute sa place. À ce moment précis donc, vous priez et vous vous questionnez. Cet instant vous amène à évoluer spirituellement. Vous devriez prier et méditer lorsque votre corps est en bonne santé ! N'attendez point l'appel de la souffrance pour le faire, ce serait une erreur.

Votre spiritualité, c'est la raison première de votre incarnation, de votre Initiation. Vous devez revenir à votre forme parfaite : car Dieu vous l'a transmise et vous devez le reconnaître. Vous êtes des entités (des âmes) qui vous incarnez de vie en vie pour revenir à votre état premier.

Q : Pourquoi l'Humanité a-t-elle décidé de quitter cet état premier ?

R : Parce qu'à l'intérieur de vous, vous vous dites que si tout était parfait, de quoi serait composé votre vie ? C'est comme si les manquements représentaient le sel de la vie, ce qui vous donne une raison de vivre et de discuter.

Q : De quoi nous parleriez-vous s'il n'y avait plus d'erreur ?

R : Nous vous parlerions de Dieu ! De vie en vie, vous revenez sur Terre pour apprendre à vous détacher de vos erreurs : de votre corps de matière, de vos expériences et de vos acquis antérieurs. À chaque jour que vous vivez, vous devez vous efforcer d'être plus vertueux. C'est ainsi que vous éloignerez les tentations.

Q : Pourquoi y a-t-il des tentations ? Pourquoi revenir dans une autre forme, un autre corps et vivre des états humains ?

R : C'est pour évaluer où vous êtes rendus. Vous ne pouvez comprendre le Bien que par son contraire. Vous connaissez la pureté par l'impureté, etc. Vous concluez ainsi que le mal est nécessaire. Nous pouvons vous assurer que non ! Un jour, nous l'espérons, les gens s'incarneront simplement pour s'entraider, sans arrière-pensée. Les jugements prennent forme dans vos arrière-pensées. À ce moment-là, vos pensées vous jouent des tours.

Vous cheminez spirituellement pour revenir à votre état de perfection, à votre niveau de création. Vous revenez également pour aider Dieu à améliorer la planète (et donc l'Univers). Le Karma de la planète Terre, c'est d'être une Terre d'accueil et de paix. Vous pouvez aider Dieu en vous incarnant ici ou bien comme travailleur de l'astral.

La Terre est un lieu de rencontres extraordinaires. Il s'agit du point de rencontre de mille et un karmas !

THE AIDS

Chapitre 4

Vous êtes la Lumière. Nous sommes parmi vous en ce jour pour vous parler de votre corps, de votre âme et de votre esprit. Nous savons que vous avez plusieurs interrogations et même plusieurs remises en question à faire. Peut-être même que vous le saviez d'avance.

Dans un premier temps, nous vous parlerons de votre corps : ce merveilleux compagnon que vous aurez tout au long de votre vie, car il s'agit de votre principal outil de création. Il ne s'agit pas seulement de le reconnaître, mais de le faire vibrer dans la Lumière Divine et d'être en harmonie avec lui. Lorsque nous vous parlerons du corps, nous parlerons également de la totalité de l'être (il s'agit de votre être global). Vous avez probablement des réminiscences de vies antérieures grâce à votre mémoire corporelle et spirituelle.

Laissez votre corps s'exprimer : ne le retenez plus en cage et laissez-le respirer, de grâce ! Votre corps vous apporte plusieurs réponses : écoutez-le ! Vous devez prendre grand soin de votre corps. Vous prenez soin de plusieurs objets vous appartenant. L'objet le plus important est votre corps. Faites-le briller comme de l'or ! Soyez-lui sensible. Lorsque vous aurez réellement pris conscience et connaissance des capacités de votre corps, vous aurez fait la paix avec lui et vous ne connaîtrez plus la souffrance. Vous avez décidé de vous incarner dans un corps pour apprendre la corporalité.

Votre âme est votre joyau : c'est votre cristal et votre diamant. L'âme est le principe de votre vie, de toute vie. Tant et si longtemps qu'il y aura de la vanité sur Terre, l'harmonie ne pourra régner dans votre corps, dans votre âme et dans votre esprit. Essayez de vous éloigner de la vanité.

D'incarnation en incarnation, vous prenez des corps qui se ressemblent, soit par les yeux, la bouche, etc. C'est ainsi que vous vous reconnaissez les uns les autres. Lorsque vous mourez sur Terre, vous pouvez décider de garder le même corps ou revêtir une autre apparence.

L'âme décide par son libre-arbitre de garder le dernier corps qu'elle a habité ou de prendre celui d'une dimension qu'elle a beaucoup aimé. Plus votre évolution est avancée, plus vous prenez le corps qui vous est propre dans l'astral.

Vous avez un corps de lumière originel auquel vous tentez d'accéder d'incarnation en incarnation. Vous avez à vivre également du détachement dans l'astral ! Vous avez les mêmes étapes à franchir dans l'astral que sur Terre.

Votre âme est le principe moteur de votre vie. Elle vous alimente et elle vous fait vivre corporellement.

Votre esprit est tout ce qui est du domaine rationnel. C'est lui qui se souvient de tout ce que vous avez été. Votre esprit est votre conscient et votre inconscient, tandis que votre âme est le souffle de vie qui anime votre corps. Votre inconscient a la mémoire de vos vies antérieures.

L'âme est le souffle de votre vie, de toute vie. C'est elle qui continue de vous faire vivre après votre mort physique et terrestre. Lors de voyages dans l'astral, c'est avec votre esprit et votre corps de lumière que vous vous « décorporalisez » et non avec votre âme, car elle doit s'assurer de vous garder en vie ici-même, dans le présent.

Vous ne faites qu'un corps, âme et esprit. Dans l'astral, vous avez toujours votre corps de lumière : c'est votre âme qui donne la lumière et c'est votre esprit qui évolue. En ce moment, votre corps est animé par un principe qui s'appelle l'âme. Votre esprit se souvient qu'il a déjà existé. Il s'agit maintenant de ramener votre âme à la Conscience Universelle.

Que la Grâce vous accompagne !

THE AIDS

Chapitre 5

Nous vous livrerons durant cette rencontre notre message d'amour, car seul l'Amour Divin sauvera les gens sur cette Terre. Apprenez à vous aimer tel que vous êtes, avec vos qualités et vos défauts. Ne soyez point durs envers vous-mêmes, ni envers votre voisin. Essayez, s'il vous plaît, d'apprendre à ne plus juger et à respecter ce qui est. Lorsque vous regardez un arbre, vous avec tendance à le juger, mais il est ce qu'il est ! Il en est de même pour vous, humains ! Cessez de vous juger et de vous persécuter ! Vous savez, vous êtes tous et toutes en transformation. Acceptez vos moments de lassitude.

Tout est régi par votre pensée.

Rayonnez l'amour par votre pensée et aimez-vous tel que vous êtes. N'ayez pas peur de dire à votre prochain que vous l'aimez !

Arrêtez de vous compliquer l'existence ! Il est temps de mettre les priorités à la bonne place. Remercier, c'est aimer. Prenez soin de votre enveloppe charnelle, de votre âme et de votre esprit. Derrière chaque émotion humaine, il y a l'Amour de Dieu.

Méditez sur la Lumière. Communiez avec elle ! Concentrez-vous et dites-vous que vous faites partie de Dieu ! Incrustez ce message profondément dans votre cœur.

Regardez la Lumière qui est devant vous ! Derrière, c'est votre ombre. Faites vivre la Lumière et l'Amour Divin en votre for intérieur et en votre cœur ! Aimez-vous les uns les autres ! Aimez votre prochain, votre voisin de gauche et votre voisin de droite, car tous deux sont en réalité vos compléments.

Vous êtes tous complémentaires. Restructurez votre façon de penser et intégrez ces paroles. Ce que nous faisons, c'est pour vous donner l'espoir que vous pouvez arriver à une entente universelle en travaillant sur vous et en cultivant les Vertus Divines ! Que de votre bouche, vos paroles soient d'amour ! Cessez de critiquer et de juger inutilement : commencez par vous-mêmes.

Nous souhaitons de tout cœur que vous méditiez sur l'Amour de Dieu. C'est ainsi que vous gagnerez en sagesse et que vous inspirerez le respect, car vous respecterez l'Ordre Divin. Respectez ce qui est devant vous ! Respectez la Nature et devenez son meilleur allié ! Aimez la Terre ! L'Humanité a toujours voulu aller par-delà les étoiles mais de la Terre, qu'en faites-vous en réalité ? La Terre, c'est votre Maison. Exactement comme votre corps, qui est la maison de votre âme ! L'amour existe : faites-le vivre dans votre cœur.

THE AIDS

Chapitre 6

L'élévation spirituelle se fait progressivement. Vos expériences doivent servir à tous les humains. Prenez pleinement conscience du monde et de vos émotions. Sachez aussi que la solitude affecte votre intériorité.

L'humain se préoccupe trop de son mental au détriment de ses émotions. Faites l'unité avec vos émotions. L'humain n'est qu'émotions. Élargissez votre dimension émotionnelle ! Votre rationalisme empêche votre réalisation spirituelle.

Laissez-vous porter par le rythme naturel de la vie. Les énergies et vibrations positives dégagent un bien-être dans tout votre corps. Le Nirvana est un état de plénitude. En votre for, dites-vous que vous êtes heureux : c'est un mantra. Restez centré sur la pensée du bonheur !

Q : Est-ce bien de faire une colère ?

R : La colère n'apporte rien à votre vie. C'est une dépense inutile d'énergie. Changez votre mode réactionnel ! Vivez plutôt pour les Vertus Divines que vous devez cultiver. Le bonheur est de regarder simplement la vie. Essayez de garder cette idée de la simplicité tout au long de votre vie. Vivez le bonheur !

Changez votre attitude de base en vous disant que vous êtes heureux ! C'est ainsi que vous deviendrez de plus en plus heureux. Vous attirerez ainsi des gens heureux.

Nourrissez-vous de joie ! Alors, votre discours et vos réactions changeront.

Cultivez l'équilibre et le discernement. Vous n'avez pas appris à canaliser les vertus pour vous sortir de vos tourments ? Canalisez donc une vertu pour vous sortir d'une situation ou d'une émotion malheureuse ! Vous serez certainement étonnés de votre force intérieure ! Nous désirons vous amener à la plénitude.

Q : Que pensez-vous de la peur ?

R : La peur, c'est le doute. Elle vous garde dans un état négatif. Faites-vous confiance et la peur vous quittera. Soyez heureux et libre !

À bientôt,
THE AIDS

Chapitre 7

Vous êtes changements. Votre première difficulté dans votre élévation spirituelle, c'est votre transformation. Dans cette non-acceptation, il y a un refus de la vie, car la vie, c'est le mouvement. Tout ce qui est mouvement se transforme...

Vous matérialisez votre spiritualité : vous êtes donc en perpétuelle création. Soyez extrêmement attentifs à ce que vous créez. Votre spiritualité se manifeste par vos gestes et vos paroles. Inspirez autour de vous le calme et le respect. Votre matérialité est le miroir de votre âme. Qu'est-ce que vous désirez dégager comme énergie autour de vous ? Le soin prodigué à votre corps révèle votre état d'esprit.

Prenez conscience que c'est vous qui appliquez le frein à votre éveil spirituel. Lorsque vous comprenez les Grandes Lois de Dieu, vous les comprenez grâce à votre raison. Entrer en relation avec votre cœur vous amène à une compréhension supérieure et à la libération de votre esprit. Cette réalisation vous libérera du mauvais Karma de vos vies antérieures.

Votre histoire se transforme lors de vos grandes prises de conscience. Vous êtes présent, passé et votre futur simultanément. Les transformations positives que vous réalisez dans cette vie-ci ont un effet domino sur vos vies antérieures et améliorent le Karma de vos vies futures. Prenez plaisir à évoluer et à grandir ! L'histoire humaine ne se terminera jamais.

À bientôt,
THE AIDS

Chapitre 8

Lors de la création des âmes, plusieurs groupes ou familles d'entités sont créés par Dieu et par Son Épouse. Chaque entité engendrée par l'action de l'Amour Divin appartient à un groupe spécifique de l'Arbre des Vertus. Lors de vos méditations, entrez en résonnance et en contact avec votre famille initiale pour connaître votre vertu d'appartenance (voir entre autres *Arbre séphirotique*, page 173). Cette vertu primordiale vous conduit à toutes les autres vertus. Les vertus sont interdépendantes. Leur énergie circule dans le tourbillon giratoire et perpétuel de la Création Divine. Élevez-vous dans l'Arbre des Vertus !

Voici la liste des Sept Vertus (l'Arbre Séphirotique en contient 10 autres) : LA FOI, L'ESPÉRANCE, LA CHARITÉ, LA PRUDENCE, LA TEMPÉRANCE, LA JUSTICE et LA FORCE.

En aspirant à être plus vertueux, vous transformerez votre être ! Votre taux vibratoire augmente lorsque vous communiez avec votre vertu initiale. Vous renouez avec votre première naissance. Celle-ci est votre vraie nature !

Comment savoir de quelle famille de Vertus vous êtes originaires ? Tout simplement en vous écoutant parler au quotidien ! Est-ce que vous dites souvent : « Je crois » ou « J'espère », « J'apporte », « Je fais attention », « Je suis serein », « Au nom de la justice », « Je suis capable » (...) ? Pour chaque réponse, il y a une Vertu Divine.

En connaissant votre vertu initiale, celle-ci vous donnera des ailes ! Vous reprendrez ainsi votre forme et votre essence angéliques. Dieu créa un Archange pour chaque Vertu. Communiez avec ce Messager lors de vos méditations, si vous le souhaitez, pour parfaire votre élévation spirituelle.

Soyez heureux ! Honorez Dieu et Son Épouse !

À bientôt,
THE AIDS

Chapitre 9

Il est sage d'orienter votre vie spirituelle vers votre mieux-être. Cette direction deviendra le fil conducteur de votre vie quotidienne.

Choisissez-vous un thème de travail en étant conscient des émotions qui sous-entendent votre choix. Ces dernières vous suivront jusqu'à la réalisation de votre thème de travail. Ce principe est l'essence même du Karma ! Un instant peut devenir un an et plus. Ainsi s'achemine le Karma. Ce sera ce que vous aurez à apprendre et à vivre tout au long de votre quête et de votre réalisation spirituelles.

Prenez en considération les émotions qui précèdent votre choix, celles au moment de votre choix, ainsi que celles qui viendront après votre choix. Ces trois temps vous révéleront de quelle manière vous réaliserez votre thème de travail. Laissez-vous porter dans ces trois instants par la Sagesse Divine ! Ensuite, faites un retour sur votre travail. Cet exercice vous initie précisément à la Sagesse.

Q : Jusqu'où ai-je du pouvoir sur ma vie ?

R : Lors de votre incarnation, vous choisissez certaines épreuves. De telles décisions représentent déjà un pouvoir sur votre vie. Vous avez du pouvoir sur votre dimension émotionnelle : cela fait en effet partie de votre libre-arbitre. C'est ce que vous pouvez le plus facilement transformer. Avec une grande maîtrise, le Sage transforme les épreuves avant qu'elles ne lui arrivent. Il peut choisir quelquefois de ne plus avoir le choix pour le bien de l'Humanité et le bon déroulement du Karma de la Terre. Pensez à la vie de Gandhi, l'apôtre de la non-violence qui meurt par acte de violence.

Q : Comment peut-on savoir ce que vous avons choisi de travailler ?

R : En passant par votre vertu initiale, vous le saurez. Ce qui vous demande le plus d'efforts et ce qui éprouve votre vertu, c'est le thème de votre Karma. Certes, vous avez les défauts correspondant à vos qualités. Une personne qui a pour vertu initiale l'espoir aura pour défi de ne pas sombrer dans le désespoir. Du désespoir doit naître l'espoir et ainsi de suite pour toutes les autres vertus. Il faut que l'espoir nourrisse le désespoir : il faut transformer le désespoir en espoir. Ainsi, votre défaut sombrera dans l'oubli. Votre vertu initiale est en réalité votre niveau de conscience originelle : vous voyez la vie à travers elle. Lorsque, par exemple, vous sombrez dans le désespoir : demandez-vous si auparavant, vous aviez mis votre espoir et vos désirs dans une cause perdue d'avance ? Vous devez être très prudents pour garder en vous l'espérance. La sagesse inspire la prudence.

Prenez la vie avec philosophie. Personnifiez tour à tour l'une ou l'autre des vertus ! Elles sont de sages conseillères.

À bientôt,
THE AIDS

Chapitre 10

Pour connaître le monde de l'esprit, vous devez quitter le monde de la matière. Votre dualité s'exprime par le fait que vous êtes à la fois matériel par votre corps et immatériel par votre esprit.

Vous laissez votre corps enchaîner votre esprit au lieu d'en faire son serviteur ! Vous êtes esclave de votre corps : libérez-vous des chaînes du Karma corporel !

En prenant conscience que votre nature première est avant tout spirituelle, vous vous libérerez. Votre corporalité ne sera plus votre première préoccupation. Votre conscience éveillée affermira votre vision spirituelle. Votre corps deviendra le serviteur de votre réalisation ! Vos souffrances corporelles n'entraveront plus votre cheminement.

Q : Lorsque nous avons un malaise, est-il préférable de ne pas s'y attarder ?

R : Vous ne devez pas vous en préoccuper, mais vous devez en guérir ! En vous disant que vous avez quelque chose à apprendre dans la maladie, vous porterez une attention particulière à celle-ci. Concentrez-vous sur la vertu correspondante et non sur vos fautes ! Vous cesserez ainsi de vous culpabiliser et vous guérirez (mentalement, physiquement ou bien les deux).

Ce que l'Humanité doit apprendre, c'est que Dieu existe. Cette reconnaissance fait partie de l'Initiation Spirituelle.

Méditez... Reflétez le monde des Vertus ! Communiez spirituellement avec chaque Archange de l'Arbre des Vertus. Appropriez-vous progressivement chaque Vertu en faisant des actions concrètes pour leur réalisation et en changeant votre façon d'être !

Il est important d'intégrer, de réfléchir et de méditer sur chacune des vertus : non seulement sur votre vertu initiale ! De vous concentrer seulement sur votre vertu initiale, lors de vos méditations, peut vous mener à sombrer subtilement dans la vanité.

Le monde spirituel est un monde de subtilités. Le Sage connaît ses nuances. Nous souhaitons insuffler en vous cette Sagesse !

Que vos pas de sagesse vous conduisent à la réalisation spirituelle !

À bientôt,
THE AIDS

Chapitre 11

Cultivez l'art de l'oubli. Lors de votre réincarnation, vous expérimentez cet état. Vous ne pourriez rien apprendre de cette vie sans l'oubli. Vous refaites les mêmes expériences plusieurs fois pour mieux comprendre et réaliser le Plan de Dieu. L'oubli annihile tout sentiment de remord. Nous parlons évidemment de l'oubli qui conduit à l'espérance ! Cessez de vivre dans le passé : allez de l'avant ! Vous ferez ainsi des choix plus éclairés. Vous ne pouvez rien changer au passé, mais vous pouvez transformer votre avenir !

Fusionnez à la Connaissance et à la Conscience Divines ! À chaque fois que vous recevez des révélations sur vous-mêmes, vous devriez les intégrer immédiatement pour vous réaliser spirituellement. Les remords surviennent lors de la non-acceptation de vos choix, car vous ne les avez pas intégrés. Vous êtes attachés à vos défauts : oubliez-les vite ! Resplendissez par votre beauté intérieure ! Adoptez un salutaire détachement face à vos défauts et à vos péchés, tout en n'excluant guère vos responsabilités morales, bien entendu ! Pour passer avec brio vos épreuves, demandez-vous quelle Vertu serait votre meilleure AIDE pour une situation donnée. Vos péripéties vous font développer les Vertus Divines.

Q : Lorsqu'on se met en colère, c'est que nous ne sommes pas assez détachés ?

R : Donnez-vous le temps d'intégrer nos révélations ! Plus vous serez détachés de vos défauts et de vos erreurs, plus votre symbiose avec les Vertus sera immédiate.

Pratiquez l'exercice suivant : identifiez quelles Vertus vous accompagnent lors de vos moments agréables. Quel comportement vertueux avez-vous dans ces moments ? Quelle Vertu incarnez-vous dans ces situations ? Observez le parfait enchaînement des Vertus.

Vous créez constamment des situations. Vous êtes constamment en situation, même lorsque vous êtes seuls ! Tout du moins, vous ne l'êtes point avec vos pensées. Concentrez-vous sur les évènements joyeux de votre vie ! Grandissez dans la joie et dans le rire ! Vos grandes prises de conscience se font généralement dans les évènements sérieux de la vie. Essayez l'exercice contraire ! Les véritables et perdurables réalisations prennent forme aussi dans l'amour et dans le bonheur. C'est honorer Dieu que d'agir ainsi !

À chaque fois qu'un individu pense, il crée une nouvelle situation. Sa pensée se fait intercepter par un autre être humain qui crée à son tour une nouvelle situation et ainsi de suite, à l'infini. Ainsi est l'Éternité : vous comprenez mieux Dieu ! Votre pensée et l'univers tout entier ne sont que communion et conversations !

Les saisons ressemblent au Cycle de la Vie. Tout y est nécessaire et tout a sa raison d'être ! Le froid, le vent, la chaleur et la pluie représentent symboliquement vos émotions humaines... La mélancolie, la tristesse, la peine, l'ennui, la joie et la liberté : ces sentiments humains produisent, en fin de compte, votre réalisation spirituelle !

Vous êtes vraisemblablement les saisons et vous vivez leurs émotions ! En hiver, vous hibernez spirituellement : vous emmagasinez des révélations. Au printemps, vous vous réveillez et vous pratiquez votre spiritualité. En été, le vent de la libération vous habite ! À l'automne, vous faites la récolte de vos introspections et vous vous préparez à nouveau pour l'hibernation. Vous vivez ce Cycle Karmique de la Vie, éternellement. Vous êtes en harmonie avec la Création Divine !

À bientôt,
THE AIDS

CONCLUSION DU TOME I

L'ENTRE-DEUX MONDES

*

Parution du tome 2 en 2021

Annexes

Arbre séphirotique

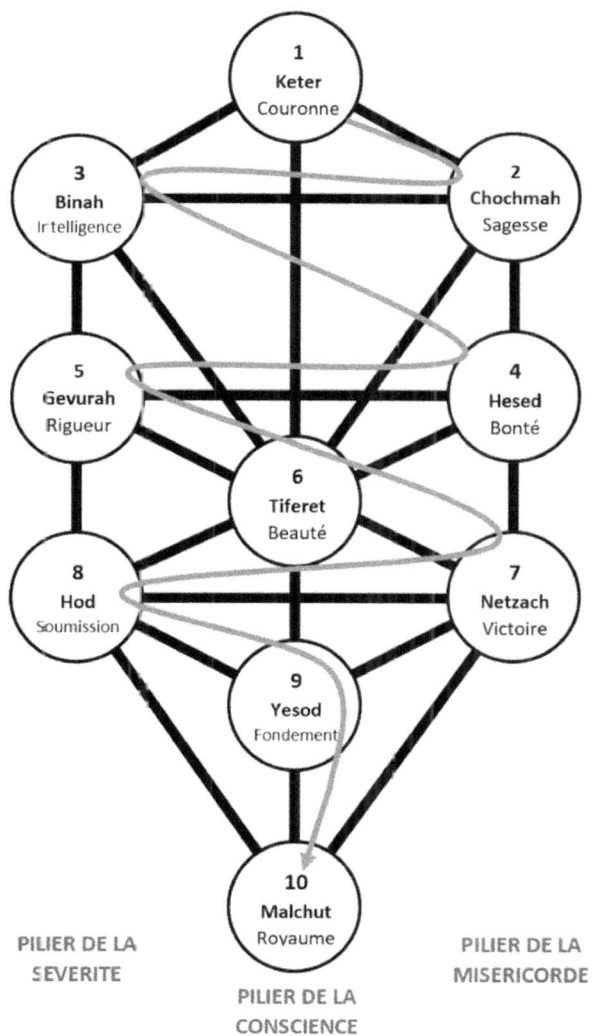

Compte-rendu opératoire de ma EMI-NDE, authentifiant mon histoire :

COMPTE RENDU OPÉRATOIRE

Nom de l'établissement : C.H. STE JEANNE D ARC
Date de l'opération : 1986-02-12

Diagnostic pré-opératoire :
Lombo-sciatalgie.
Hernie discale lombaire L5-S1 droite.

Opération prévue :
Tentative de discectomie L5-S1 droite.

LACOURSIERE
ARLINE 1959
LUC TANGUAY
BERNARD LACOURSIERE
LACA 5956 1712 467 6413

Opérateur pratiquée : Idem

Diagnostic post-opératoire : Idem.

Anesthésie : générale
Opération : Début 9h45 Fin 11h15

COMPTE RENDU
(Incision, constatations, techniques, sutures, drains, fermeture)

Patiente en position génu-pectorale, sous anesthésie générale. Après rasage de la région lombo-sacrée, asepsie usuelle alcool-iode. Mise en place d'un vidrape. Tracé de notre incision.

Dès le tracé de notre incision, nous notons que le sang artériel est noirâtre. Nous avertissons d'emblée l'anesthésiste qui vérifie la position et le fonctionnement de son système anesthésique.

Comme il n'y a aucune amélioration après différentes manœuvres, nous décidons de refermer d'emblée en urgence: Dexon 2-0 en points inversés sous-cutanés et agrafes à la peau. Pansement avec Elastoplast.

La patiente est ensuite retournée en catastrophe sur la civière et après vérification il semble bien qu'il y ait un problème d'intubation. Le tube est replacé correctement dans les bronches et nous avons alors une excellente coloration de la patiente.
Cependant, entretemps il y a eu chute de tension, bradycardie et mydriase fixe.

Les traitements anti-oedème cérébral sont institués en urgence et la patiente transférée à la salle de réveil et aux soins intensifs.

Nous n'avons donc pu procéder à la discoïdectomie; nous avons simplement fait une incision cutanée n'intéressant pas encore l'aponévrose lombaire superficielle.

Évaluation des pertes sanguines :
Décomptes : compresses
Infirmières : N. LAMER, D. POIRIER / N. CARON
Anesthésistes : J.P. TOUSIGNANT M.D.
Chirurgien : MICHEL DECARIE M.D.   Assistants : ADNAN NACHED M.D.

D: 86-03-07 T: 86-03-10sg

N'hésitez pas à aimer notre page Facebook !

 Lacoursière Éditions

Nos ouvrages sont disponibles au sein de plus de 40.000 points de vente dans le monde. N'hésitez pas à en faire la demande à votre libraire pour les commander !

Nous expédions aussi nos livres en stock à prix abordables à travers le monde :

www.lacoursiereeditions.com

Vous pouvez nous contacter pour toute question, pour correspondre avec nos auteurs ou pour tout commentaire au lacoursiereeditions@hotmail.com : il nous fera un plaisir de vous répondre au plus tôt.

CPSIA information can be obtained
at www.ICGtesting.com
Printed in the USA
LVHW022150190820
663618LV00013B/1184